EL DIACONO DEL NUEVO TESTAMENTO

LA VITAL IMPORTANCIA DE SU FUNCION DE ACUERDO A LOS PRINCIPIOS BIBLICOS

ALEXANDER STRAUCH

GUIA DE ESTUDIO

Acerca del autor

Alexander Strauch ha servido como maestro y anciano pastor por más de treinta años en Littleton Bible Chapel en Littleton, Colorado. El y su esposa Marilyn tienen cuatro hijos y diez nietos.

La Editorial DIME ha publicado en español los siguientes libros de Alexander Strauch:

Liderazgo Bíblico de Ancianos. Un urgente llamado para restaurar el liderazgo bíblico en las iglesias.
— **Guía de estudio** para Liderazgo Bíblico de Ancianos.
— **Guía del mentor** para Liderazgo Bíblico de Ancianos.
— **Edición condensada** de Liderazgo Bíblico de Ancianos.
— **Guía Interactiva** de Liderazgo Bíblico de Ancianos.

El diácono del Nuevo Testamento. La vital importancia de su función de acuerdo a los principios bíblicos.
— **Guía de estudio** para El diácono del Nuevo Testamento.

Liderando con Amor. Las características bíblicas de cómo debe ser el carácter del líder cristiano.
— **Guía de estudio** para Liderando con amor.

Ama o muere. Un desafiante estudio de cómo cultivar el amor en la vida cristiana y en la iglesia local.

Si os mordéis y os coméis. El autor examina los pasajes bíblicos para solucionar los distintos tipos de conflictos personales, libertades en la vida cristiana y diferencias doctrinales.

Contenido

NOTA: En cada una de las lecciones de este manual, el autor ha sugerido algunos textos de referencia en Inglés. Nosotros recomendamos que se acerquen a su libreria preferida e investiguen libros en Español sobre los temas de cada lección. Hemos incluído los títulos en Inglés en caso de que le sea posible obtenerlos.

Objetivos de Esta Guía de Estudio

Este manual ha sido diseñado para los diáconos, sus esposas, y diáconos en preparación. Se puede estudiar de manera individual o en grupo.

El manual contiene seis lecciones. Si usted lo está estudiando en grupo, le sugerimos que desarrolle un capítulo por mes. Una sugerencia más es que lea completamente el libro "*El Diácono del Nuevo Testamento*", antes de comenzar con el manual. La razón por la cual hacemos esta indicación es por que este manual no sigue el mismo orden del libro; el manual está organizado por temas.

El propósito inicial de este texto es ayudar al pueblo de Dios a pensar de una manera más bíblica sobre el diaconado. Todo este asunto es de gran importancia pues dicho ministerio se relaciona con la vida de la iglesia y con las personas que se encuentran pasando por necesidades.

En la medida que las personas reciban la enseñanza de la Palabra de Dios y la iluminación del Espíritu Santo, experimentarán una correcta motivación y tendrán una adecuada información sobre la forma de ayudar a las personas necesitadas. Trabajar con los problemas, las necesidades y las heridas de las personas es un asunto arduo. Dicha labor requiere un férreo compromiso, una profunda capacidad de amar, sabiduría divina, una extraordinaria delicadeza y fortaleza sobrenatural.

Muchas personas se desaniman rápidamente después de haberse comprometido a trabajar con los pobres y necesitados. Por ende, si desea perseverar en esta tarea y agradar a Dios al mismo tiempo, necesita poseer tanto la información como la motivación apropiada.

Usted necesita conocer los propósitos y los principios de Dios. Necesita saber lo que Él pide de aquellos que le sirven, y lo que piensa de las personas en necesidad. Es preciso que usted asuma su perspectiva sobre las personas, y obre con la misma compasión que le caracteriza a Él. Usted debe saber cómo recibir su fortaleza y su consuelo. Tal conocimiento sólo puede ser adquirido por medio de un estudio cuidadoso, en oración, del libro de Dios, las sagradas Escrituras.

Para lograr nuestro primer propósito, examinaremos varias porciones de la Escritura. Para facilitar el trabajo, he incluido la mayoría de los textos bíblicos que usted precisa leer. He utilizado la versión Reina Valera, la NVI y la Dios Habla Hoy.

El segundo propósito de este manual es ofrecer ideas prácticas para la implementación de un diaconado neotestamentario en su iglesia local.

Este libro proveerá interesantes preguntas, sugerencias prácticas, tareas y advertencias. El objetivo es ayudarle a comenzar o a mejorar su ministerio del diaconado. Algunas de las tareas y sugerencias podrían no ser relevantes a la situación de su iglesia local. Usted tiene toda la libertad de omitir todo aquello que no sea pertinente.

Sin embargo, no tome las sugerencias y tareas a la ligera. Cuando se reúna para discutir las preguntas, tareas y sugerencias, surgirán nuevas ideas para mejorar su diaconado y su ministerio en general. Es necesario designar un líder para cada lección. Él debe encargarse de limitar el tiempo de la discusión. Algunas tareas y preguntas pueden generar mucha controversia, lo cual, a su vez, puede significar horas de debate. Alguien necesita limitar la cantidad de tiempo dedicada a cada pregunta.

Si alguna tarea o sugerencia exige una discusión o planeación mucho más profunda de lo que el tiempo permite, postérguela para otra ocasión en la que se pueda abordar el tema con mayor dedicación. *Haga un listado de todas las discusiones pendientes en las páginas que se encuentran al final del libro, tituladas "Hoja de Planeación de Temas para Discutir en el Futuro". Cuando haya culminado el estudio del libro, enumere la lista en orden de prioridades, y programe un tiempo para desarrollar cada uno de los temas.*

Una Palabra de Aliento

Algunas preguntas revelarán necesidades y deficiencias en su diaconado. En ocasiones, tal vez se sienta abrumado por la tarea que se encuentra ante usted. No permita que el desánimo lo venza. El desánimo es uno de los peores enemigos del alma; ruegue a Dios que le ayude a perseverar en medio de las dificultades. Recuerde las palabras de nuestro Señor sobre nuestra " necesidad de orar siempre y no desmayar " (Lucas 18:1).

Desarrollar un diaconado maduro y fuerte toma varios años. Siendo realistas, usted sólo puede abordar uno o dos asuntos de importancia a la vez. Por eso sea paciente, pero no sea pasivo.

A lo largo de todo el manual recomiendo libros para consulta, o para ponerlos a disposición de otras personas que deseen consultarlos. Al hacer tales recomendaciones, no estoy sugiriendo que esté de acuerdo con todo lo que ellos contienen. Sin embargo, estos libros proveen excelentes ideas y ayudas para aquellos que están en el ministerio del diaconado. Usando las palabras de la misma Escritura: "Examinadlo todo; retened lo bueno. Absteneos de toda especie de mal " (1 Tesalonicenses 5:21-22).

" Estuve enfermo, y me visitasteis "

Mateo 25:36b

Lección 1

Haciendo Frente a Algunos de los Temas Relativos

(Lea las páginas 10-16 del libro DNT)

¿Culminó ya toda la lectura del libro *EL Diácono del Nuevo Testamento*? Si no es así, por favor lea el libro antes de desarrollar la lección dos.

1. Antes de leer *El Diácono del Nuevo Testamento*, ¿cuál era (o es) su concepto sobre un diácono?

_____

_____

_____

2. De acuerdo con el prefacio titulado: "Haciendo frente a Algunos de los Temas Relevantes", ¿qué problemas fundamentales se presentan en cuanto a la forma en que muchas iglesias asumen el ministerio de los diáconos? Estos conceptos erróneos son síntomas de un problema aun mayor, ¿cuál es ese problema?

_____

_____

_____

_____

_____

_____

13

3. Este problema ha generado algunos modelos antibíblicos (e inútiles) sobre el ministerio del diácono. ¿Cuáles son estos modelos y cuáles son algunos de sus nocivos resultados?

_____

_____

_____

_____

¿Qué hacen los Diáconos?
(Lea las páginas 40-50; 104-111)

4. Si desean ser útiles a Dios, los diáconos necesitan comprender plenamente su identidad y función en el cuerpo de Cristo. ¿De qué forma le ayuda el término griego _diakonoi_, traducido como diácono, a comprender mejor su labor e identidad? (Observe las dos referencias que el Profesor Cranfield hace sobre el término _diakonoi_ en las páginas 70 y 106, ¿entiende lo que él quiere decir?)

_____

_____

_____

_____

_____

5. En términos específicos, ¿qué le enseña el pasaje de Hechos 6:1-6 sobre sus responsabilidades como diácono?

_____

_____

_____

_____

6. Si todos los cristianos han sido llamados a servirse los unos a los otros y a usar los dones espirituales que han recibido, ¿por qué razón necesita la iglesia local el oficio de los diáconos? (Vea las páginas 60, 61).

---

7. Al mirar la lista de requisitos presentada en 1 Timoteo 3:8-12, ¿qué aprende sobre las cualidades del carácter que los diáconos deberían poseer, y lo qué deberían hacer? ¿Qué enseña este pasaje sobre las cualidades del carácter que no deberían poseer los diáconos y sobre las cosas que no deberían hacer? (Vea también las páginas 129, 132).

---

8. ¿A qué se refiere la Biblia con el término *misericordia*? ¿A qué nos referimos con el término *ministerios de misericordia*? (Vea las páginas 223-229).

---

9. ¿Qué actividades específicas desarrolla su iglesia que pueden ser consideradas como una parte de los ministerios de misericordia?

_____

_____

_____

_____

_____

Advertencia:

Thomas S. Goslin II dice: "Un reciente estudio sobre 50 congregaciones revela que cada día el dinero se utiliza más para adquirir inmuebles. En consecuencia, el dinero para obras de benevolencia es cada día menor" *(Church Without Walls -Una Iglesia Sin Paredes,* [Pasadena: Hope Publishing House, 1984], pág. 35-36).

Si su congregación posee un edificio propio, usted necesita ser consciente de que el mantenimiento del mismo puede acaparar la mayoría de su tiempo, dinero y energía. En la mayoría de las iglesias en las que los diáconos tienen a su cargo la responsabilidad de hacer funcionar el edificio, esta responsabilidad consume casi la totalidad de su tiempo y dinero.

Por lo tanto, recomiendo que los ancianos de la iglesia le pidan a los diáconos organizar un comité especial que se encargue del mantenimiento del edificio. Obviamente en iglesias pequeñas, algunos de los diáconos y ancianos tendrán que participar en ese comité. Pero entre más pronto éste pueda funcionar sin la ayuda de ellos, será muchísimo mejor para el adecuado funcionamiento de la iglesia. No permita que su diaconado se convierta solamente en trabajo de mantenimiento del edificio, o en servir en un comité que supervise las finanzas eclesiales.

10. ¿Qué piensa sobre los consejos expresados arriba? (Vea la página 227). ¿Cómo se pueden implementar estas recomendaciones en su iglesia?

_____

_____

_____

_____

_____

Tarea:

1. Elabore una lista de las viudas y revísela regularmente. Ya sea por medio de visitas o de llamadas telefónicas, obtenga información pertinente sobre el bienestar de cada una de las viudas de su iglesia local. Mantenga esta información archivada como algo confidencial.

2. Elabore una lista de las personas que están seriamente enfermas o incapacitadas y revísela regularmente. El cuidado de estas personas demanda muchos ayudantes y requiere un seguimiento efectivo.

17

3. Elabore una lista de todas las personas que se encuentran incapacitadas para asistir a los servicios de la iglesia por problemas físicos o emocionales. Es preciso mantener el contacto con los <u>shut-in</u>. Ellos necesitan recibir grabaciones de la predicación dominical y el boletín de la iglesia. Por medio de visitas, llamadas telefónicas y servicios especiales celebrados en sus hogares, ellos comprenderán que son importantes para la iglesia.

4. Elabore una lista de todas las personas que padecen serias dificultades económicas. Esta lista debe incluir especialmente personas desempleadas y madres solteras.

5. Elabore una lista de todas las demás responsabilidades que los apacentadores de su iglesia esperan que usted asuma. Haga un bosquejo de todo lo que se requiere para cumplir con cada una de estas responsabilidades.

Versículo para Memorizar
Santiago 1:27.

" Tuve hambre, y me disteis de comer"

Mateo 25:35a

Lección 2

Repase y dialogue con el grupo sobre las tareas asignadas en la lección 1. Si alguna de las tareas o sugerencias exigen más discusión o un mayor tiempo de planeación del que usted dispone, anótela en la *"Hoja de Planeación de Temas para Discutir en el Futuro "* de las páginas finales.

Pluralidad De Diaconos

1. Las páginas 132-134 enumeran cuatro razones que hacen necesario la pluralidad de diáconos. En su opinión, ¿cuáles de los cuatro puntos son los más importantes para justificar la necesidad de varios diáconos en la iglesia local?

_____

_____

_____

2. Tomando en cuenta las cuatro razones esbozadas para tener varios diáconos, es obvio que ellos necesitan reunirse frecuentemente como grupo. Si los diáconos no se reúnen con frecuencia, o no se organizan de una manera efectiva, es inevitable que el grupo se desintegre y aquellos que necesitan su ayuda sean desamparados. Todos

21

necesitamos el ánimo y el espacio para rendir cuentas que generan las reuniones de grupo, con el fin de realizar nuestro trabajo responsable y eficazmente.

Examine con el grupo qué tan a menudo necesitan reunirse como diáconos y cuánto tiempo requieren para sus reuniones si desean desarrollar un buen trabajo.

_____

_____

_____

_____

3.   El papel del moderador en las reuniones es muy importante. Él mantiene el control, la dirección y la eficiencia de las reuniones. Puesto que un alto porcentaje de la dirección reposa en este moderador, es necesario considerar cuidadosamente quién ha de ser esta persona, y la forma en que ha de desarrollar su labor.

¿Qué características de liderazgo necesita poseer el moderador? (No todos los diáconos o apacentadores poseen la habilidad para dirigir una reunión con destreza; es por eso que aquellos que tienen dicha habilidad deberían ser comisionados para dirigir las reuniones de diáconos o de ancianos).

_____

_____

_____

_____

Tareas:

1) Periódicamente evalúe el tono, el orden, el énfasis, la duración y la atmósfera de su reunión de diáconos. Puesto que tales reuniones son tan vitales para la iglesia, ¿cómo puede ayudar a mejorar la calidad de las mismas? Junto con el grupo determinen una fecha en la cual evaluarán la efectividad, calidad y organización de sus reuniones.

Recomiendo la lectura del libro *Making Committees Work* (Mack Tennyson, Zondervan Publishing House, 1992). Este libro contiene gran variedad de excelentes ideas para mejorar sus reuniones. No obstante, no estoy de acuerdo con la estructura que presenta este material en cuanto a la junta de la iglesia.

2) Cerciórese que la agenda de la reunión de los diáconos siempre incluya algo de tiempo para entregar un reporte sobre las tareas asignadas a cada uno, o para dialogar sobre los problemas que se les estén presentando. Este tiempo se convierte en una forma práctica de rendir cuentas; es una manera de determinar si cada diácono ha cumplido con sus responsabilidades a tiempo. También es una excelente oportunidad de brindar apoyo y ánimo a cualquier diácono que esté pasando por momentos de crisis.

3) Mantenga siempre un registro escrito de sus deberes y tareas semanales. También determine fechas límites para el cumplimiento de todas sus responsabilidades y metas.

LA NECESIDAD DE POSEER EXCELENTES HABILIDADES ADMINISTRATIVAS

4. Después de leer las páginas 46 y 47, escriba tres razones por las cuales la disciplina y habilidades administrativas son tan importantes para el diaconado.

_____

_____

_____

_____

5. ¿Qué consecuencias negativas podrían haber ocurrido en la iglesia de Jerusalén si los siete hubiesen utilizado incorrectamente la distribución diaria de los fondos a las viudas pobres?

_____

_____

_____

_____

6. Si un diácono debe cuidar a su familia correctamente, servir a la iglesia y proveer para su hogar, entonces debe ser un hombre disciplinado. Lea los siguientes versículos:

> Pero el fruto del Espíritu es amor, gozo... templanza (Gálatas 5:22a, 23a).

> Es necesario que el obispo sea irreprensible, como administrador de Dios... hospedador, amante de lo bueno, sobrio, justo, santo, dueño de sí mismo {disciplinado} (Tito 1:7-8).

24

Todo aquel que lucha, de todo se abstiene; ellos, a la verdad, para recibir una corona corruptible, pero nosotros, una incorruptible. Así que, yo de esta manera corro, no como a la ventura; de esta manera peleo, no como quien golpea al aire, sino que golpeo mi cuerpo, y lo pongo en servidumbre, no sea que habiendo sido heraldo para otros, yo mismo venga a ser eliminado (1 Corintios 9:25-27)

Como ciudad derribada y sin muro
Es el hombre cuyo espíritu no tiene rienda (Proverbios 25:28).

Mejor es el que tarda en airarse que el fuerte;
Y el que se enseñorea de su espíritu,
que el que toma una ciudad (Proverbios 16:32).

¿Qué enseñan los versículos anteriores sobre la doctrina bíblica del dominio propio?

_____

_____

_____

_____

_____

_____

_____

Advertencia:
Seguimiento y Cumplimiento

Uno de los problemas que usualmente afecta a los diáconos es la deficiencia para cumplir con las tareas y responsabilidades asignadas. Las personas terminan heridas y las iglesias se debilitan cuando tienen en su liderazgo diáconos y ancianos que postergan u olvidan cumplir con lo que deben cumplir.

Es entonces cuando la pluralidad de diáconos puede ser de mucha ayuda. Como cuerpo de diáconos es importante que constantemente dialoguen sobre este problema con toda honestidad y madurez. En vista de que ustedes son un grupo de colaboradores mutuos, es primordial que aprendan a animarse unos a otros, a enseñarse, amonestarse, corregirse y redargüirse. La pluralidad de diáconos no funcionará si no aprenden a dialogar con honestidad, a instruirse mutuamente, y a rendirse cuentas unos a otros.

Las personas sabias aman el ser corregidas e instruidas porque anhelan crecer y mejorar su carácter y su trabajo para el Señor. Pídale a sus compañeros que lo corrijan cuando sea necesario. Así como lo expresó el Rey Salomón: "Hierro con hierro se aguza; y así el hombre aguza el rostro de su amigo" (Proverbios 27:17).

Escuche lo que el libro de Proverbios dice sobre los sabios:

Corrige al sabio, y te amará.
Da al sabio, y será más sabio;
Enseña al justo, y aumentará su saber
(Proverbios 9:8b,9).

El camino del necio es derecho en su opinión;
Mas el que obedece al consejo es sabio
(Proverbios 12:15).

El que ama la instrucción ama la sabiduría;
Mas el que aborrece la reprensión es ignorante
(Proverbios 12:1).

Oirá el sabio, y aumentará el saber,
Y el entendido adquirirá consejo (Proverbios 1:5).

Oren sobre este asunto en este mismo instante.

LOS APACENTADORES/ SUPERVISORES
(Lea las páginas 27 - 38; 58- 92)

7.   ¿Por qué es tan importante que los diáconos entiendan las responsabilidades y prioridades que Dios le ha entregado a los apacentadores? Escriba por lo menos tres razones. (Vea las páginas 29,34,35,37,84,).

_____

_____

_____

_____

_____

8.   Tomando en cuenta los principales pasajes que hablan de las responsabilidades de los ancianos, por favor haga una lista de cuáles son dichas responsabilidades. (Hechos 6:1-6; 20:28-35; 1 Timoteo 4:14; 5:17,18; Tito 1:9; Santiago 5:14,15; 1 Pedro 5:1-4; Hebreos 13:17).

_____

_____

_____

_____

9. De acuerdo con lo que usted piensa, escoja los dos pasajes de la Escritura que explican con mayor claridad la labor de los ancianos en el Nuevo Testamento. ¿Por qué cree que son buenas explicaciones?

_____

_____

_____

_____

_____

_____

10. Entre las iglesias de la actualidad, ¿cuál aspecto del trabajo de los apacentadors es el más olvidado? ¿Por qué?

_____

_____

_____

_____

_____

_____

11. De los conceptos errados que los diáconos tienen sobre su relación con los apacentadores de la iglesia local, ¿cuáles pueden ocasionar conflicto?
Lea las páginas 111-113.

_____

_____

_____

_____

_____

_____

Advertencia: El poder de la bolsa

Una pregunta que a menudo surge es la siguiente: ¿deben los diáconos (o los tesoreros) determinar la totalidad del destino de los fondos de la iglesia? Mi respuesta es "no" porque, según Tito 1:7, los ancianos (no los diáconos, ni los tesoreros) son los "administradores de Dios" (en Griego *oikonomos*, "administrador de la casa") en la iglesia local.

Los diáconos trabajan bajo la supervisión pastoral de los apacentadores (supervisores) Los ancianos delegan responsabilidad a los diáconos, la cual puede incluir la responsabilidad de administrar los fondos de la iglesia o sólo una parte de tales fondos, para los ministerios de misericordia. Sin embargo, el control final y el destino de los fondos de la iglesia debe ser responsabilidad de los ancianos.

12.   ¿Qué piensa sobre esta advertencia? ¿Tiene alguna recomendación para la actual realidad de su iglesia local? Si tiene alguna buena idea sobre este asunto, compártala con los apacentadores de su iglesia.

_____

_____

_____

_____

_____

_____

_____

_____

_____

_____

_____

Sugerencias Prácticas para Dialogar:

Es imposible que cualquier cosa de las que comparto en este libro sea demasiado enfática en cuanto a la importancia de establecer buenos principios de comunicación entre los apacentadores y los diáconos (y entre los apacentadores y la congregación). La buena comunicación entre los diáconos y los apacentadores es fundamental para una organización efectiva, al igual que para evitar los conflictos. A continuación aparecen algunas ideas sobre la comunicación que bien vale la pena considerar y discutir. ¿Cuáles de estas ideas le recomendaría a los ancianos de su iglesia?

1) Envíe un acta de cada reunión de ancianos a cada uno de los diáconos. De la misma forma envíe un acta de cada reunión de diáconos a cada uno de los ancianos.

2) Un anciano podría participar en todas las reuniones de los diáconos. De la misma forma un diácono podría participar en todas las reuniones de los ancianos (excepto cuando se traten temas pastorales delicados que requieran privacidad).

3) Programe un retiro anual de diáconos y ancianos.

4) Programe un desayuno mensual entre algunos de los diáconos y algunos de los ancianos para dialogar sobre los problemas y otras situaciones de la congregación.

5) Desarrolle la comunicación entre los diáconos y los ancianos por escrito, para que pueda ser clara y efectiva.

Tarea Personal:

1) Como diácono, procure siempre mejorar su disciplina y las habilidades para administrar su vida. Los siguientes libros son un excelente material para investigar sobre el manejo del tiempo:

Charles E. Hummel, *Tyranny of the Urgent*, (Downers Grove: InterVarsity Press, 1977). Este folleto solo contiene 15 páginas.

Ken Smith, *It's About Time: Finding Freedom from Anxiety*, (Wheaton, IL: Crossway Books, 1992).

2) Existe un viejo adagio que tal vez usted no haya escuchado. "Si quiere que le ayuden con algún trabajo, pídale colaboración a una persona ocupada". Busque el consejo y las ideas prácticas de una persona productiva y bien disciplinada que tenga éxito en el manejo del tiempo. Aprenda de su ejemplo.

3) Aprenda a usar el teléfono de una manera efectiva, para animar e inquirir sobre el bienestar de las personas que sufren y en necesidad que le hayan sido asignadas. Las personas suelen apreciar una llamada telefónica que exprese cuidado e interés. La gente sabe que usted no siempre puede visitarlos, pero saben que sí puede llamar. Cuando tenga unos pocos minutos libres, llame a una persona necesitada aunque sea sólo para decirle

que estaba pensando en ella. Ore con esa persona por teléfono. Si usted hace esto constantemente, se sorprenderá con el número de personas que puede animar en una semana.

Tarea Personal:

Auto-evaluación: Responda cada una de las siguientes preguntas según se aplique a cada una de sus actos como miembro del grupo de diáconos. Use una "S" para el sí, una "N" para el no, o una "O" para "en ocasiones". También puede agregar un "+" o un "-" junto a la "O" si desea ser más exacto. No se apresure a responder; evalúese con toda honestidad ante Dios. Aunque esta tarea es para desarrollar en privado, sería útil si otro diácono (o su esposa) responde estas preguntas sobre su comportamiento. De esta forma usted puede evaluar, comparar y dialogar sobre las respuestas. (Si usted no es diácono, responda estas preguntas según se apliquen a su realidad en el trabajo que desarrolla con otras personas).

1) Actúo impulsivamente y me disgusta tener que esperar a que otros tomen una decisión. _____

2) Generalmente confío en el criterio de mis compañeros diáconos. _____

3) Siento una genuina preocupación por los intereses y planes de mis compañeros de trabajo. _____

4) Usualmente actúo de manera independiente de mis compañeros diáconos._____

5) Rindo cuentas a mis compañeros diáconos. _____

6) Me esfuerzo para cooperar con mis hermanos. _____

7) Comparto mis cargas, temores y problemas con mis compañeros diáconos. _____

8) Tengo la tendencia a generar discusiones. _____

9) Me frustro con facilidad ante los desacuerdos. _____

10) No soy capaz de hablar con honestidad en las reuniones de diáconos. _____

11) Me siento libre para corregir y dirigir a mis colegas. _____

12) Contribuyo activamente en las discusiones y decisiones del grupo. _____

13) Tengo la tendencia a ser imponente. _____

14) Soy demasiado sensible. _____

15) Tengo la tendencia a dominar las discusiones. _____

16) Me cuesta trabajo pedir perdón o admitir que estoy equivocado. _____

17) Amo a mis compañeros. _____

18) De una manera consciente trato de ser humilde y de servir a mis compañeros. _____

19) Oro por mis hermanos regularmente. _____

Después de responder estas preguntas, pídale a su Padre celestial que lo evalúe. Pídale el poder y la capacidad para cambiar las debilidades o deficiencias que impiden la unidad y la vivencia del amor en el grupo de diáconos.

Versículos para Memorizar:
Hechos 6:2,4

"Fui forastero, y me recogisteis"
Mateo 25:35c

Lección 3

La Necesidad Absoluta de que los Diáconos Posean Ciertos Requisitos Respecto a su Carácter

(Lea las páginas 123-134).

Repase y dialogue sobre las tareas asignadas en la lección dos. Si alguna de las tareas o sugerencias requiere más discusión o mayor tiempo de planeación del que usted dispone durante la sesión de trabajo, regístrela en las páginas finales, en la sección denominada *"Hoja de Planeación de Temas para Discutir en el Futuro".*

1. Defina y/o escriba qué es un anciano (apacentador). Defina y/o escriba qué es un diácono. ¿Cuál es la relación que debe existir entre los ancianos y los diáconos?

_____

_____

_____

_____

_____

_____

_____

_____

_____

_____

2. 1 Timoteo 3:15 revela una de las razones más poderosas por las cuales Pablo escribió dicha carta. Utilizando sus propias palabras, y considerando el contenido de *El Diácono del Nuevo Testamento*, explique la aseveración: "Esto te escribo... para que ... sepas cómo debes conducirte en la casa de Dios". Explique de qué forma se relaciona esta afirmación con los diáconos. (Vea las páginas 126 - 128).

_____

_____

_____

_____

_____

_____

3. Enumere cuatro razones por las cuales la Biblia es tan enfática respecto a la necesidad de que los diáconos posean ciertos requisitos morales y espirituales para poder ejercer su ministerio.

_____

_____

_____

_____

_____

4. En pocas palabras describa cómo debe ser el carácter de un diácono.

_____

_____

_____

_____

5. Explique brevemente qué significa la siguiente característica: "Que guarden el misterio de la fe con limpia conciencia". Este requisito es muy importante; por eso usted necesita tener muy claro qué significa.

_____

_____

_____

_____

_____

_____

6. Por favor, repase el contenido de las páginas 192 - 197. Comparta dos o tres razones bíblicas por las cuales es absolutamente indispensable que los diáconos tengan una vida de santidad en el área sexual.

_____

_____

_____

_____

_____

_____

7. Por favor repase las páginas 203 - 205 y 1 Timoteo 3:12. ¿Cuál es la relación entre manejar bien la casa y servir en la iglesia?

_____

_____

_____

_____

_____

_____

Tareas:

Constantemente se escucha que algún miembro de una iglesia fue sorprendido haciendo fraude con el dinero de la congregación. Con toda seguridad hay otros estafadores que jamás son descubiertos, e incluso otros roban cantidades tan pequeñas que es prácticamente imposible detectar sus acciones. Por eso, es necesario que ustedes, como equipo de diáconos, implementen procedimientos financieros rigurosos para proteger a la iglesia de estafas. (Una vez más lea las páginas 47 - 49). No sea inocente, no tome este asunto a la ligera. El dinero a menudo representa una tentación muy fuerte, incluso para las personas más piadosas.

1) Hagan un alto en todas sus actividades y oren para que Dios los proteja a ustedes, que son quienes coordinan los ministerios de misericordia de la iglesia, de cualquier tipo de escándalo financiero.

2) Jamás permitan que sólo una persona maneje el dinero. Por lo menos dos personas deberían contar las ofrendas y distribuir los fondos a los necesitados. Dialoguen sobre este asunto. Examinen sus políticas y procedimientos financieros por lo menos una vez al año.

3) La siguiente es una lista de libros sugeridos, para profundizar sobre este tema

Mack Tennyson, *Church Finances: A Basic Handbook for Church Treasures, Trustees, Deacons and Ministry Staff* (Zondervan Publishing House)

Richard J. Vargo, *Effective Church Accounting* (Harper and Row Publishers)

Manfred Holck Jr., *Cash Management: Stewardship of the Church´s Cash Resources* (Augsburg Fortress Publishers).

4) Formen el hábito de presentar informes públicos de la forma en que se invierte el dinero de la congregación. Las personas que han aportado tienen derecho a saber cómo se utiliza cada centavo que dan.

8. Recuerde que un diácono debe ser un hombre lleno de sabiduría (Hechos 6:3). El libro de Proverbios dice que el hombre sabio controla su lengua. Lea los siguientes versículos en actitud de oración:

El que mucho habla, mucho yerra;
el que es sabio refrena su lengua.
(Proverbios 10:19). *(NVI)

Los chismes son como ricos bocados:
se deslizan hasta las entrañs.
(Proverbios 26:22) *(NVI)

La gente chismosa revela los secretos;
la gente confiable es discreta.
(Proverbios 11:13) *(NVI)

En su labor como diácono, usted tiene acceso a la vida privada de las personas, se entera de información confidencial de ellas y de la iglesia. Si usted está acostumbrado a hablar demasiado o a revelar información privada, las personas perderán la confianza que le tienen y dejarán de compartirle sus problemas. Su incapacidad para guardar secretos finalmente conducirá a sentimientos de desconfianza y producirá heridas en la gente. Por eso, es necesario que desarrolle una reputación de confiabilidad; en otras palabras necesita aprender a controlar su lengua.

Haga una lista de los posibles resultados trágicos que pueden surgir por hablar de las personas de una manera incorrecta.

_____

_____

_____

_____

ESPOSAS DE LOS DIÁCONOS
(Lea las páginas 162 - 194)

1 Timoteo 3:11 es un pasaje que ha sido ampliamente debatido. Con el fin de entender mejor los argumentos específicos para decidir cuál es la correcta interpretación de este pasaje, estudie esta sección de *El Diácono del Nuevo Testamento* con alguien más o con todo el grupo de diáconos. Dialogue con el grupo sobre los asuntos técnicos expresados en el capítulo 10, páginas 162 - 184. Dialoguen sobre estos argumentos con una actitud cristiana de amor y humildad. No contiendan ni se dividan sobre este asunto.

9. ¿Cuál era su interpretación de 1 Timoteo 3:11 antes de leer el capítulo 10 de el libro *El Diácono del Nuevo Testamento*?

_____

_____

10. Explique el problema que el término griego *gynaikas* en 1 Timoteo 3:11 genera para cualquier intérprete bíblico.

_____

_____

11. Muchos comentaristas bíblicos enseñan que 1 Timoteo 3:11 se refiere a las mujeres que son diaconisas. Escriba dos razones por las cuales ellos piensan que este texto se refiere a diaconisas.

_____

_____

_____

_____

12. ¿Cuál cree usted que es el argumento más poderoso a favor de la interpretación de las esposas de los diáconos? Explique su respuesta.

_____

_____

_____

_____

13. ¿Cuál cree usted que es el argumento más débil a favor de la interpretación de las esposas de los diáconos? Explique su respuesta.

_____

_____

_____

_____

14. Escriba tres ejemplos sobre la forma en que la esposa de un diácono puede ayudar a su esposo en su ministerio, asumiendo que usted está de acuerdo con lo expuesto en _El Diácono del Nuevo Testamento_.

_____

_____

_____

_____

Advertencia: Enfrentando las Discrepancias

No dividan la iglesia, ni se dividan entre ustedes por la correcta interpretación de 1 Timoteo 3:11. Asuman sus diferentes posiciones de una manera cristiana; es decir con paciencia, amor y humildad de los unos hacia los otros. Este pasaje es difícil de interpretar. Este asunto no está al mismo nivel que el de la pregunta sobre si la mujeres pueden o no ser ancianas (pastoras). Existen muchos maestros bíblicos bien fundamentados que creen que el liderazgo de la iglesia está restringido a los hombres; sin embargo, enseñan que las mujeres pueden ejercer el diaconado. Por eso continúe estudiando y orando. Por sobre todas las cosas no permita que las personas pierdan el control; el temperamento de todos se debe caracterizar por el dominio propio.

Sugerencias Prácticas para Dialogar:

1) Motiven a las esposas de los diáconos a hacer este estudio con ustedes.

2) Reúnanse regularmente con las esposas de los diáconos para animarse unos a otros, para compartir ideas, para solucionar problemas, para exhortarse unos a otros, y para orar juntos.

3) Programen un retiro para los diáconos y sus esposas con el fin de disfrutar un buen tiempo de comunión, de compartir ideas, y de animarse los unos a los otros.

15. Escriba todos los elementos esenciales que se deben tener en cuenta en el proceso de examinar y seleccionar una persona para el oficio de diácono. (Vea las páginas 152-157 del *DNT*). ¿Cuáles de estos elementos olvidan las iglesias generalmente? ¿Por qué los olvidan?

_____

_____

_____

_____

16. ¿Por qué es tan importante el reconocimiento público de los diáconos, para la iglesia y para sus líderes? (Vea las páginas 157 - 159 de *DNT*). ¿Cómo se puede mejorar el proceso en su iglesia?

_____

_____

_____

_____

Tarea:

Escriba un documento que manifieste el llamado y la responsabilidad de un diácono. Cuando se nombre un diácono, en el momento del reconocimiento público, léale el documento en presencia de toda la congregación.

_____

_____

_____

_____

_____

Tarea Personal 1:

Evalúe en privado cuál es su condición personal en cada uno de los requisitos que aparecen abajo. Le animo a que le pida a su esposa o a un amigo cercano que también lo evalúe. Marque los dos números que mejor expresan su condición personal actual.

1) Hombre digno de respeto

Bueno	Necesita mejorar	Reprensible
___7 __6	____5 __4	____3__2 __1__

2) Integridad de palabra

Bueno	Necesita mejorar	Reprensible
___7 __6	____5 __4	____3__2 __1__

3) No dado a mucho vino

Bueno	Necesita mejorar	Reprensible
___7 __6	____5 __4	____3__2 __1__

4) No codicioso de ganancias deshonestas

Bueno	Necesita mejorar	Reprensible
___7 __6	____5 __4	____3__2 __1__

5) Guarda el misterio de la fe con limpia conciencia

Bueno	Necesita mejorar	Reprensible
___7 __6	____5 __4	____3__2 __1__

Tarea personal para las esposas de los diáconos:

Evalúe en privado cuál es su condición personal en cada uno de los requisitos que aparecen abajo. Le animo a que le pida a su esposo o a un amigo cercano que también la evalúe. Marque los dos números que mejor expresan su condición personal actual.

1) Mujer digna de respeto

Bueno   Necesita mejorar   Reprensible
__7 __6_____5 __4_____3__2__1__

2) No calumniadoras

Bueno   Necesita mejorar   Reprensible
__7 __6_____5 __4_____3__2__1__

3) Sobrias

Bueno   Necesita mejorar   Reprensible
__7 __6_____5 __4_____3__2__1__

4) Fiel en todo

Bueno   Necesita mejorar   Reprensible
__7 __6_____5 __4_____3__2__1__

Tarea personal 2:

Sus hijos son su posesión más preciada (Salmo 127:3). Es muy fácil dejar de pasar tiempo con ellos por un exceso de actividades ministeriales. Por favor NO haga eso. Pagará un precio muy alto si lo hace.

Forme el hábito de pasar tiempo con sus hijos y de hablar con ellos. Usted puede encontrar buenas y prácticas ideas sobre el tema al dialogar con padres que estén haciendo un buen trabajo en esta área. También puede leer libros al respecto. Cada vez que conozco buenos padres o adolescentes felices y equilibrados, les hago preguntas sobre su vida familiar con el fin de mejorar mi propia labor como padre.

Los siguientes libros son recursos muy útiles sobre lo que significa ser un buen padre y esposo:

Joe Temple, *Know Your Child* (Grand Rapids: Baker Book House, 1974).

Kevin Huggins, *Parenting Adolescents* (Colorado Springs: NavPress, 1989).

Ross Campbell, *Si amas a Tu Hijo* (Victor Books, 1977)

Ross Campbell, *Si amas a Tu Adolescente* (Victor Books, 1977)

Dr. James Dobson. Cualquiera de sus libros es un excelente material de lectura.

Ed Wheat, M.D., *El Amor que No se Apaga (Betania).*

Gary Smalley, *El Amor Es una Decisión*

Willard F. Harley, Jr., *His Needs, Her Needs* (Old Tappan, N.J: Fleming H. Revell Company, 1986).

Ore y pídale a su Padre celestial que le ayude a mantener un buen ánimo para ser un excelente padre.

Versículo para Memorizar:
1 Timoteo 3:8,9,12.

"Estuve desnudo, y me cubristeis"
Mateo 25:36a

Lección 4

Lo que Enseña el Antiguo Testamento sobre los Pobres y Necesitados.

Repase y dialogue sobre las tareas asignadas en la lección tres.

Los siguientes pasajes del Antiguo Testamento le ayudarán (ya sea usted un diácono, esposa de un diácono, o un futuro diácono) a entender la perspectiva de Dios sobre los necesitados. Por favor, lea los siguientes pasajes lentamente y medite en ellos.

1. Todo diácono debe conocer la historia de Job. Él es un modelo de compasión piadosa.

> Porque yo libraba al pobre que clamaba, y al huérfano que carecía de ayudador. La bendición del que se iba a perder venía sobre mí, y al corazón de la viuda yo daba alegría. Me vestía de justicia, y ella me cubría; como manto y diadema era mi rectitud. Yo era ojos al ciego, y pies al cojo. A los menesterosos era padre, y de la causa que no entendía, me informaba con diligencia; y quebrantaba los colmillos del inicuo, y de sus dientes hacía soltar la presa. (Job 29:12-17)

51

¿No lloré yo al afligido?
Y mi alma, ¿no se entristeció sobre el menesteroso?
(Job 30:25)

Si estorbé el contento de los pobres,
E hice desfallecer los ojos de la viuda;
Si comí mi bocado solo,
Y no comió de él el huérfano
Si he visto que pereciera alguno sin vestido,
Y al menesteroso sin abrigo;
Mi espalda se caiga de mi hombro,
Y el hueso de mi brazo sea quebrado.
(Job 31:16,17,19,22).

Escriba las cosas que caracterizaban el sentir del corazón de Job hacía los pobres y necesitados. Después escriba las acciones que tenían lugar como consecuencia de este sentir.

_____

_____

_____

_____

_____

_____

_____

2. Lea 1 Timoteo 3:13 y las páginas 213-216 de *DNT*.

   a) ¿Las recompensas prometidas en 1 Timoteo 3:13
      son una motivación correcta que los diáconos
      pueden anhelar? Justifique su respuesta.

   b) ¿Exactamente, quién recibe las recompensas?

   c) ¿Específicamente, cuáles son las recompensas?

d) ¿Qué relación existe entre estas recompensas y los requisitos del carácter del diácono?

_____

_____

_____

_____

_____

_____

3. Un pasaje fundamental para continuar reflexionando sobre este tema es Deuteronomio 15:1-11, especialmente los versículos 7-11. Este pasaje expresa las actitudes del corazón que Dios pide que tengamos para con nuestros hermanos y hermanas en necesidad. El contexto de este capítulo es el conocido año de remisión y de condonación de todas las deudas [probablemente sólo las del último año]: "Cada siete año harás remisión" (15:1).

Cuando haya en medio de ti menesteroso de alguno de tus hermanos en algunas de tus ciudades, en la tierra que Jehová tu Dios te da, *no endurecerás tu corazón, ni cerrarás tu mano contra tu hermano pobre*, sino *abrirás a él tu mano liberalmente, y en efecto le prestarás lo que necesite.* Guárdate de tener en tu corazón pensamiento perverso, diciendo: Cerca está el año séptimo, el de la remisión, y mires con malos ojos a tu hermano menesteroso para no darle; porque él podrá clamar contra ti a Jehová, y se te contará por pecado. Sin falta le darás, y *no serás de mezquino corazón cuando le des*; porque por ello te bendecirá Jehová tu Dios en todos tus hechos, y en todo lo que emprendas (Deuteronomio 15:7-10; itálicas añadidas).

53

¿Qué podemos aprender en Deuteronomio 15:7-10 sobre la forma en que Dios espera que demos? ¿Cómo podemos desarrollar esa clase de mentalidad para dar?

_____

_____

_____

_____

_____

_____

_____

4. Jeremías (646-586 A.C.), el profeta del corazón compasivo, denuncia la injusticia social del rey Joacim. También lo compara con su devoto padre, el rey Josías, quien se preocupó por los pobres y necesitados. A diferencia de Josías, Joacim, ambicioso y egoísta, explota a los pobres y necesitados con el fin de construir ostentosos edificios para su necio deleite.

¡Ay del que edifica su casa [el Rey Joacim] sin justicia, y sus salas sin equidad, sirviéndose de su prójimo de balde, y no dándole el salario de su trabajo! Que dice: Edificaré para mí [Joacim] casa espaciosa, y salas airosas; y le abre ventanas, y la cubre de cedro, y la pinta de bermellón. ¿Reinarás, porque te rodeas de cedro? ¿No comió y bebió tu padre, e hizo juicio y justicia, y entonces le fue bien? *Él juzgó la causa del afligido y del menesteroso*, y entonces estuvo bien. *¿No es esto conocerme a mí?* dice Jehová. (Jeremías 22:13-16; itálicas añadidas)

Según los versículos anteriores, ¿cuáles son algunas de las características de un liderazgo piadoso? Observe Jeremías 22:16. Este texto nos enseña una forma de medir nuestra

54

propia relación con Dios. ¿Cuál es dicha forma?

_____

_____

_____

_____

_____

_____

_____

_____

_____

5. El profeta Miqueas escribe en una época caracterizada tanto por la gran prosperidad económica como por la injusticia social (735-710 A.C.). En medio de esta situación Miqueas pregunta: ¿Cuál es el corazón de la verdadera religión? En otras palabras ¿qué pide Dios de nosotros?

¿Con qué me presentaré ante Jehová, y adoraré al Dios Altísimo? ¿Me presentaré ante él con holocaustos, con becerros de un año? ¿Se agradará Jehová de millares de carneros, o de diez mil arroyos de aceite? ¿Daré mi primogénito por mi rebelión, el fruto de mis entrañas por el pecado de mi alma? Oh hombre, él te ha declarado lo que es bueno, y qué pide Jehová de ti: *solamente hacer justicia, y amar misericordia*, y humillarte ante tu Dios. (Miqueas 6:6-8; itálicas añadidas)

El profeta Isaías (quien ministró entre 740 y 680 A.C.) expone la hipocresía religiosa y la falsa justicia de Israel. Aunque el pueblo practicaba una obediencia externa con todos los rituales religiosos que Dios había ordenado, sus corazones estaban llenos de pecado y su relación diaria con las personas estaba dominada por el egoísmo. Así que Dios toma la iniciativa y le revela a la nación la clase de práctica religiosa que Él desea.

¿Por qué, dicen, ayunamos, y no hiciste caso; humillamos nuestras almas, y no te diste por entendido? No es más bien el ayuno que yo escogí, desatar las ligaduras de impiedad... ¿No es que partas tu pan con el hambriento, y a los pobres errantes albergues en casa; que cuando veas al desnudo, lo cubras... Y si dieres tu pan al hambriento, y saciares al alma afligida, en las tinieblas nacerá tu luz. (Isaías 58:3a, 6a, 7a, 10a).

Según los textos anteriores, describa cuál es el fundamento de la verdadera religión a los ojos de Dios. Según Dios, ¿cuál es el fundamento de la religión que no lo toma en cuenta a Él?

_____

_____

_____

_____

_____

_____

6. En uno de los capítulos más dramáticos, penetrantes y vehementes de toda la Escritura, Ezequiel 16, el profeta (622-560 A.C.) compara a Judá con la malvada ciudad de Sodoma y afirma que Judá, "una ramera desvergonzada", es peor que la ciudad de Sodoma. Observe los pecados que Dios aborrecía en Sodoma.

He aquí que esta fue la maldad de Sodoma tu hermana: soberbia, saciedad de pan, y abundancia de ociosidad tuvieron ella y sus hijas [ciudades vecinas]; y *no fortaleció la mano del afligido y del menesteroso.* Y se llenaron de soberbia, e hicieron abominación delante de mí, y cuando lo vi las quité. (Ezequiel 16:49-50; itálicas añadidas).

Después de meditar en este pasaje, escriba tres enseñanzas que puede aplicar a su propia vida, a su iglesia y a su nación.

_____

_____

_____

_____

_____

_____

7.   Según el Salmo 72:12-15, describa cómo es un líder piadoso.

_____

_____

_____

_____

Los libros de Proverbios y Salmos nos pueden enseñar mucho sobre los pobres y necesitados. Considere los siguientes pasajes y responda las preguntas.

8.   ¿Dar a los pobres implica decir "adiós" a las riquezas personales?

A Jehová presta el que da al pobre,
Y el bien que ha hecho, se lo volverá a pagar.
(Proverbios 19: 17)

El ojo misericordioso será bendito,
Porque dio de su pan al indigente. (Proverbios 22:9)

57

Bienaventurado el que piensa en el pobre.
(Salmos 41:1 a).

_____
_____
_____
_____

9. ¿Qué le hace falta al pobre?

El pobre es odioso aun a su amigo; Pero muchos son los que aman al rico. (Proverbios 14:20)

_____
_____
_____
_____

10. ¿Cuál es la clave para la felicidad de una persona?

Peca el que menosprecia a su prójimo (que está en necesidad);
Mas el que tiene misericordia de los pobres es bienaventurado. (Proverbios 14:21)

El ojo misericordioso será bendito,
Porque dio de su pan al indigente. (Proverbios 22:9)

Bienaventurado el que piensa en el pobre.
(Salmos 41:1 a).

_____
_____
_____
_____

11. ¿De qué forma usted honra (o deshonra) a Dios?

Peca el que menosprecia a su prójimo (que está en necesidad);
Mas el que tiene misericordia de los pobres es bienaventurado. (Proverbios 14:21)

_____

_____

_____

12. ¿Cómo podemos descubrir cuán piadosos o malvados somos?

Conoce el justo la causa de los pobres;
Mas el impío no entiende sabiduría. (Proverbios 29:7)

El que oprime al pobre afrenta a su Hacedor;
Mas el que tiene misericordia del pobre, lo honra.
(Proverbios 14:31)

_____

_____

_____

13. ¿Qué tipo de cosas podemos hacer que nos pueden llevar a una situación en la cual no recibamos ayuda en tiempos difíciles?

El que cierra su oído al clamor del pobre,
También él clamará, y no será oído. (Proverbios 21:13)

_____

_____

_____

_____

14. Como diácono usted tendrá que emitir conceptos y hacer evaluación sobre diferentes personas y sus circunstancias. Ésta es una tarea difícil en un mundo injusto. Cuando tenemos que hacerlo con nuestros familiares y amigos cercanos, aun los mejores cristianos pueden ser culpables de subjetividad o de creer sólo una parte de la historia. Según los siguientes versículos, haga una lista de las normas, promesas y advertencias que le pueden ayudar a los diáconos a ser ecuánimes con todas las personas.

Al que responde palabra antes de oír, Le es fatuidad y oprobio. (Proverbios 18:13)

Justo parece el primero que aboga por su causa;
Pero viene su adversario, y le descubre.
(Proverbios 18:17)

Alegría es para el justo el hacer juicio.
(Proverbios 21:15 a)

También estos son dichos de los sabios:
Hacer acepción de personas en el juicio no es bueno.
(Proverbios 24:23)

No harás injusticia en el juicio, ni favoreciendo al pobre ni complaciendo al grande; con justicia juzgarás a tu prójimo. (Levítico 19:15)

La justicia, la justicia seguirás, para que vivas y heredes la tierra que Jehová tu Dios te da. (Deuteronomio 16:20)

Y dijo a los jueces: Mirad lo que hacéis; porque no juzgáis en lugar de hombre, sino en lugar de Jehová, el cual está con vosotros cuando juzgáis. Sea, pues, con vosotros el temor de Jehová; mirad lo que hacéis, porque con Jehová nuestro Dios no hay injusticia, ni acepción de personas, ni admisión de cohecho. (2 Crónicas 19:6-7)

Yo era ojos al ciego, Y pies al cojo. (Job 29:15)

Porque el Señor ama la justicia, y odia el robo y el crimen. Él les dará fielmente su recompensa. –Dios Habla Hoy- (Isaías 61:8 a)

¿Juzga acaso nuestra ley a un hombre si primero no le oye, y sabe lo que ha hecho? (Juan 7:51)

_____
_____
_____
_____
_____
_____
_____
_____
_____
_____
_____
_____

De los anteriores versículos, mencione dos que necesita memorizar para ser un mejor diácono. Justifique su respuesta. (¡Muy bien, ahora hágalo!).

Tarea Personal:

Un diácono debe ser un hombre sabio. Según Hechos 6:3, los siete tenían que ser llenos de sabiduría para poder hacer su trabajo apropiadamente. No puedo encontrar una mejor manera de llegar a ser sabio que por medio de la lectura y aplicación del libro de Proverbios. La siguiente es una lista de libros recomendados que le ayudarán a estudiar Proverbios y otros libros de la Escritura, en la cual encontramos profunda sabiduría.

James T. Draper, Jr., *Proverbs: Practical Directions for Living* (Wheaton: Tyndale House Publishers, 1971).

Louis Goldberg, *Savoring the Wisdom of Proverbs*, (Chicago: Moody Press, 1990).

William E. Mouser, *Getting the Most out of Proverbs, Job and Ecclesiastes* (Downers Grove: InterVarsity Press, 1985).

Charles Bridges (1794-1869), *A Modern Study in the Book of Proverbs*, revised by George F. Santa (Milford, MI: Mott Media, 1978).

Versículo para Memorizar:
Miqueas 6:8

"Tuve sed, y me disteis de beber"
Mateo 25:35b

Lección 5

Lo que el Nuevo Testamento Enseña sobre el Cuidado de los Necesitados *Parte 1*
(Lea las páginas 40-44)

Los siguientes pasajes del Nuevo Testamento le ayudarán (ya sea usted un diácono, esposa de un diácono, o un futuro diácono) a entender la perspectiva de Dios sobre los necesitados. Por favor, lea los siguientes pasajes lentamente y medite en ellos.

1.   ¿Qué verdad observa en Mateo 25:37-40 que puede transformar su actitud y su forma de ayudar a las personas que padecen necesidad y dolor?

Entonces los justos le responderán diciendo: Señor, ¿cuándo te vimos hambriento, y te sustentamos, o sediento, y te dimos de beber? ¿Y cuándo te vimos forastero, y te recogimos, o desnudo, y te cubrimos? ¿O cuándo te vimos enfermo, o en la cárcel, y vinimos a ti? Y respondiendo el Rey, les dirá: De cierto os digo que en cuanto lo hicisteis a uno de estos mis hermanos más pequeños, a mí lo hicisteis. (Mateo 25:37-40)

2. Lea los siguientes textos cuidadosamente. Al hacerlo, por favor tome nota tanto de las acciones que demandan como de las actitudes que se precisa tener al realizar dichas acciones.

La religión pura y sin mácula delante de Dios el Padre es esta: Visitar a los huérfanos y a las viudas en sus tribulaciones, y guardarse sin mancha del mundo. (Santiago 1:27)

Hermanos míos, ¿de qué aprovechará si alguno dice que tiene fe, y no tiene obras? ¿Podrá la fe salvarle? Y si un hermano o una hermana están desnudos, y tienen necesidad del mantenimiento de cada día, y alguno de vosotros les dice: Id en paz, calentaos y saciaos, pero no les dais las cosas que son necesarias para el cuerpo, ¿de qué aprovecha? (Santiago 2:14-16)

Había entonces en Jope una discípula llamada Tabita, que traducido quiere decir, Dorcas. Esta abundaba en buenas obras y en limosnas que hacía. (Hechos 9:36)

En esto hemos conocido el amor, en que él puso su vida por nosotros; también nosotros debemos poner nuestras vidas por los hermanos. Pero el que tiene bienes de este mundo y ve a su hermano tener necesidad, y cierra contra él su corazón, ¿cómo mora el amor de Dios en él? (1 Juan 3:16-17)

Jacobo, Cefas y Juan, que eran considerados como columnas, nos dieron a mí y a Bernabé la diestra en señal de compañerismo, para que nosotros fuésemos a los gentiles, y ellos a la circuncisión. Solamente nos pidieron que nos acordásemos de los pobres; lo cual también procuré con diligencia hacer. (Gálatas 2:9 b –10)

Antes vosotros [ancianos] sabéis que para lo que me ha sido necesario a mí y a los que están conmigo, estas manos me han servido. En todo os he enseñado [Yo, Pablo] que, trabajando así, se debe ayudar a los necesitados, y recordar las palabras del Señor Jesús, que dijo: Más bienaventurado es dar que recibir. (Hechos 20: 34--,35)

Vuelva a leer los textos y haga una lista de lo que descubrió.

Primera y Segunda de Tesalonicenses

Las dos cartas de Pablo a los Tesalonicenses revelan algunos principios primordiales para los diáconos. Como diácono, usted necesita conocer estos pasajes; aun más necesita saber cómo aplicarlos sabiamente.

3. Por favor, observe cuidadosamente los siguientes textos. Después de leerlos, haga una lista de las cosas que Pablo le está enseñando a la iglesia. ¿Cuál es el principal asunto que quiere que ellos aprendan? Ahora piense en algunas de las formas en que esta enseñanza se puede aplicar en su iglesia local.

Porque vosotros mismos sabéis de qué manera debéis imitarnos; pues nosotros no anduvimos desordenadamente entre vosotros, ni comimos de balde el pan de nadie, sino que trabajamos con afán y fatiga día y noche, para no ser gravosos a ninguno de vosotros; no porque no tuviésemos derecho, sino por daros nosotros mismos un ejemplo para que nos imitaseis. Porque también cuando estábamos con vosotros, os ordenábamos esto: Si alguno no quiere trabajar, tampoco coma. (2 Tesalonicenses 3:7-9; También vea 1 Tesalonicenses 2:9; Efesios 4:28)

_____

_____

_____

_____

_____

_____

_____

4. En 1 Tesalonicenses 4:11-12 Pablo establece un equilibrio entre una amorosa preocupación de los unos por los otros en la comunidad cristiana y la responsabilidad de cada individuo de proveer para sus propias necesidades. Siempre existirán personas que exploten el amor cristiano. En la iglesia de Tesalónica, por ejemplo, algunos eran indolentes, indisciplinados e irresponsables, y se rehusaban a trabajar (2 Tesalonicenses 3:6-13). Ellos presumían de la generosidad y el amor de sus hermanos y hermanas cristianas. Es muy probable que ellos hayan llegado a depender plenamente a nivel económico de sus amigos cristianos. Pablo afirma que cada creyente debe trabajar y proveer para sí mismo.

> Pero os rogamos, hermanos, que abundéis en ello más y más; y que procuréis tener tranquilidad, y ocuparos en vuestros negocios, y trabajar con vuestras manos de la manera que os hemos mandado, a fin de que os conduzcáis honradamente para con los de afuera, y no tengáis necesidad de nada. (1 Tesalonicenses 4:10 b-12)

Según estos textos (y los citados en la pregunta 3), ¿por qué Pablo quiere que los creyentes trabajen para suplir sus propias necesidades? (Puede haber más de una razón).

_____

_____

_____

_____

_____

_____

5. Cuando Pablo vivió con los nuevos cristianos de Tesalónica, les dijo muchas veces (tal como lo indica el tiempo imperfecto del verbo "ordenar") que los que rehusaran trabajar no debían comer a expensas de otros.

> Porque también cuando estábamos con vosotros, os ordenábamos esto: Si alguno no quiere trabajar, tampoco coma. Porque oímos que algunos de entre vosotros andan desordenadamente, no trabajando en

69

nada, sino entremetiéndose en lo ajeno. A los tales mandamos y exhortamos por nuestro Señor Jesucristo, que trabajando sosegadamente, coman su propio pan. (2 Tesalonicenses 3:10-12)

¿Cuál es la instrucción de Pablo para aquellas personas indisciplinadas y entremetidas? Por favor no copie las palabras de Pablo literalmente. Responda con sus propias palabras.

_____

_____

_____

_____

_____

_____

6.   En cuanto a aquellos que persistieran en la indolencia, la Biblia instruye a la iglesia a señalarlos y no juntarse con ellos, "para que se avergüence. Mas no lo tengáis por enemigo, sino amonestadle como a hermano" (2 Tesalonicenses 3:14-15). ¿Por qué cree usted que la Biblia enseña a la iglesia a tratar tan duramente a las personas perezosas?

_____

_____

_____

_____

_____

7.   Aplicar correctamente el principio bíblico que quien rehúsa trabajar no ha de comer, exige sabiduría (algo que todos los diáconos deben tener, Hechos 6:3), y un conocimiento real de la persona en cuestión. Este principio bíblico puede muy fácilmente ser aplicado de manera incorrecta. Puede suceder que personas inocentes y necesitadas dejen de recibir la ayuda material que en verdad necesitan recibir. Haga una lista de las distintas clases de personas que no trabajan, pero a quienes la comunidad cristiana debería proveer apoyo económico.

_____

_____

_____

_____

_____

_____

8. Haga una lista de las actividades ministeriales que se mencionan en los siguientes versículos. Después léalos una vez más y observe con que actitudes de corazón se llevó a cabo dicho ministerio. ¿Cuáles fueron las razones por las que este ministerio se llevó a cabo de la forma en que se hizo? Finalmente, trate de pensar en algunas maneras en las cuales todo esto se aplica al ministerio del diaconado en su iglesia local.

Y enviamos juntamente con él al hermano cuya alabanza en el evangelio se oye por todas las iglesias; y no sólo esto, sino que también fue designado por las iglesias como compañero de nuestra peregrinación para llevar este donativo, que es administrado por nosotros para gloria del Señor mismo, y para demostrar vuestra buena voluntad; evitando que nadie nos censure en cuanto a esta ofrenda abundante que administramos, procurando hacer las cosas honradamente, no sólo delante del Señor sino también delante de los hombres (2 Corintios 8:18-21)

_____

_____

_____

Tarea:

1) Reúna las diferentes personas de su iglesia local cuyo corazón esté de acuerdo con los ministerios de misericordia. Haga una "lista de siervos" con los nombres de las personas a las que puede recurrir para que ayuden a las personas ancianas, enfermas y necesitadas. Haga también una lista de las personas que deseen compartir sus casas, arreglar automóviles, prestar medios de transporte, hacer llamadas telefónicas, cuidar a los enfermos, preparar alimentos, cuidar niños, leer algún libro a los ancianos, hacer cortes de cabello, limpiar o arreglar viviendas, etc.

2) Muchas personas tienen dificultades económicas; necesitan ayuda para aprender a manejar sus finanzas; necesitan un modelo. En su función de diácono, usted necesita poseer buenos libros, casetes y videos a la mano que pueda utilizar o recomendar a las personas. Muchas personas enfrentan dificultades financieras porque administran mal su dinero o lo gastan desordenadamente. Otras personas tienen ingresos muy bajos; por eso deben administrar sus fondos muy sabiamente para poder vivir.

Los siguientes son recursos útiles, para que usted los investigue y los tenga a disposición de quienes necesiten ayuda.

Ron Blue, *The Debt Squeeze: How Your Family can Become Financially Free* (Pamora, CA: Focus on the Family, 1989)

Larry Burkett, *Cómo Manejar Su Dinero Sabiamente*

Larry Burkett, *Your Finances in Changing Times*, The Christian financial Cocepts Series (Chicago: Moody Press, 1982)

Larry Burkett, *Manual de Finanzas*

3) Con el fin de suministrar medicina preventiva, cerciórese que su iglesia local enseñe regularmente una clase sobre principios bíblicos para el manejo de las finanzas. Este asunto es de gran importancia para la mayoría de las familias cristianas. Use algunos de los materiales citados previamente para esta clase.

4) Organice un grupo de ayuda e información de trabajo para los desempleados de la congregación. Este grupo se puede reunir regularmente a orar, compartir información, desarrollar habilidades para buscar trabajo, y apoyarse mutuamente en tiempos difíciles.

Los siguientes libros pueden ser de ayuda para personas que estén atravesando por esta situación.

Robert Bolles, *What Color is Your Parachute?* (Berkeley, CA: Ten Speed Press, Box 7123, 94707)

Doug Sherman, *Cómo Mantener LaCabeza en Alto Cuando SuTrabajo lo Abate* (Colorado Springs: NavPress, 1989).

El Pecado del Egoísmo

Tal vez usted ya se ha percatado de que el enemigo más cruel que usted encontrará, tanto en la vida de otros como en la suya, es el egoísmo. No hay límite para los crímenes que este infame pecado ha cometido contra la humanidad. El egoísmo es el mismísimo antónimo del amor. Una vida de egoísmo es exactamente lo opuesto a la vida que vivió nuestro Señor Jesucristo.

En uno de los libros más extraordinarios que jamás se haya escrito sobre el amor, *La Caridad y Sus Frutos*, Jonathan Edwards ahonda en la frase "[El amor] no busca lo suyo" (1 Corintios 13:5b). Para entender este versículo, Edwards dice que necesitamos retornar al huerto del Edén, a la caída de la raza humana (Génesis 3:1-24). Este gran predicador nos ofrece poderosas verdades para que las meditemos. Lea el siguiente texto pausadamente. Edwards es difícil de leer. Por eso, para poder lograr el mayor beneficio de toda su sabiduría, usted debería leer el texto dos veces.

La desgracia que la caída ocasionó en el alma del hombre consiste mayormente en el hecho de haber perdido los principios más nobles y bondadosos de su naturaleza, y haber quedado presa del poder y el gobierno que ejerce el amor al yo. Antes de la caída, en el estado que Dios lo creó, el hombre era noble, generoso y digno; ahora es vil, egoísta e indigno. En el mismísimo momento de la caída, la mente del hombre se transformó de su grandeza y amplitud en una suprema exigüedad y mezquindad; ... Antes su alma era dominada por ese noble principio del amor divino, por medio del cual era engrandecida a tal punto que incluía todos los seres que le rodeaban y el bienestar de los mismos... Pero tan pronto como atentó contra Dios, perdió estos nobles principios, y toda esta excelente grandeza del alma humana desapareció. Desde entonces, el hombre se hundió y se limitó a un pequeño espacio circunscrito y ubicado dentro de sí mismo, el cual excluye cualquier otra cosa. El pecado, como cualquier astringente poderoso, confinó su alma a las ínfimas dimensiones del egoísmo; entonces Dios fue abandonado, las demás criaturas también fueron abandonadas; el hombre se recluyó dentro de sí mismo y fue totalmente dominado por principios y sentimientos egoístas y mezquinos. El amor por el yo se convirtió en el amo absoluto de su alma; los principios nobles y espirituales, otra parte de su ser, tomaron alas y alzaron vuelo. (*La Caridad y Sus Frutos*, [1852; repr. Edinburgh: The Banner of Truth Trust, 1978], pág. 157-158).

9. Teniendo en cuenta la poderosa y vívida descripción de la naturaleza caída del hombre hecha por parte de Edwards en el texto anterior, escriba por lo menos tres características que describen las condiciones distintivas de seres pecadores.

    a. _____

    b. _____

    c. _____

10. Subraye la frase que le parezca más vívida del texto de Edwards, la frase que resume de una mejor forma la naturaleza egoísta del corazón humano.

_____

_____

_____

_____

11. Con base en el texto de Edwards, ¿cuáles deberían ser las características predominantes de un hijo de Dios, nacido nuevamente por la gracia de Dios?

_____

_____

_____

_____

_____

_____

Sugerencias Prácticas para Dialogar:

1) Toda iglesia debería tener una despensa. Ésta es una manera muy simple y práctica de ayudar a las personas que están pasando por crisis económica. También es una excelente manera de involucrar y enseñar a niños y adultos a preocuparse por los necesitados. Las familias deberían ser animadas a compartir de sus víveres regularmente para la despensa (Hechos 4: 34-35). Con el fin de llevar a cabo esta labor de la mejor manera, es bueno que establezca contacto con otras iglesias u organizaciones que desarrollen este tipo de programa con éxito.

2) Organice un programa para recolectar ropa.

3) Tal vez tengan información sobre cristianos que estén en prisión. Ellos necesitan ser recordados y ayudados (Hebreos 13: 3). Usted puede hacer muchas cosas prácticas para animarlos.

4) Muchas personas de la tercera edad necesitan ayuda, para poder entender asuntos relacionados con los impuestos, pólizas de seguros, papeles para el seguro médico, agencias gubernamentales y testamentos. Podrían organizar un servicio de consejería gratuito para la tercera edad usando hombres de negocios cristianos, asesores tributarios, asesores médicos y enfermeros.

Versículos para Memorizar:
2 Corintios 8:3-5

"Estuve en la cárcel, y vinisteis a mí"
Mateo 25:36c

Lección 6

Lo que el Nuevo Testamento Enseña sobre el Cuidado de los Necesitados. *Parte 2*

Repase y dialogue sobre las tareas asignadas en la lección cinco.

1. En inglés existe un conocido refrán: "El hombre es más importante que cualquier otra tarea, porque el hombre es su tarea". ¿Cómo se aplica este refrán a los diáconos?

_____

_____

_____

_____

_____

2. Mientras lee los siguientes versículos, observe los actos que algunos creyentes hicieron en favor de otros. ¿Qué actitudes del corazón hicieron posible dichos actos?

> Así que no había entre ellos ningún necesitado; porque todos los que poseían heredades o casas, las vendían, y traían el precio de lo vendido. (Hechos 4:34-35)

> Y levantándose [en la iglesia de Antioquía] uno de ellos, llamado Agabo, daba a entender por el Espíritu, que

vendría una gran hambre en toda la tierra habitada...

Entonces los discípulos, cada uno conforme a lo que tenía, determinaron enviar socorro a los hermanos que habitaban en Judea; lo cual en efecto hicieron, enviándolo a los ancianos por mano de Bernabé y de Saulo. (Hechos 11: 28 a-30)

Asimismo, hermanos, os hacemos saber la gracia de Dios que se ha dado a las iglesias de Macedonia; que en grande prueba de tribulación, la abundancia de su gozo y su profunda pobreza abundaron en riquezas de su generosidad. Pues doy testimonio de que con agrado han dado conforme a sus fuerzas, y aun más allá de sus fuerzas, pidiéndonos con muchos ruegos que les concediésemos el privilegio de participar en este servicio para los santos [los cristianos pobres en Jerusalén]. (2 Corintios 8:1-4).

Porque Macedonia y Acaya tuvieron a bien hacer una ofrenda para los pobres que hay entre los santos que están en Jerusalén. (Romanos 15:26)

_____
_____
_____
_____
_____

3.   ¿Cuál es el propósito de la instrucción de Pablo en el siguiente pasaje de la Escritura?

Porque no digo esto [sobre la ofrenda para los pobres en Jerusalén] para que haya para otros holgura, y para vosotros estrechez, sino para que en este tiempo, con

80

igualdad, la abundancia vuestra [de los creyentes en Corinto] supla la escasez de ellos [la iglesia en Jerusalén], para que también la abundancia de ellos supla la necesidad vuestra, para que haya igualdad. (2 Corintios 8:13-14)

_____

_____

_____

_____

_____

_____

4. Como ministros de misericordia, los diáconos deben ser modelos de misericordia y de responsabilidad económica. Después de leer los siguientes versículos, haga una lista de las actitudes, la forma de pensar, el estilo de vida y las acciones que deberían caracterizar a los diáconos como modelos vivos del comportamiento cristiano en lo que tiene que ver con el dinero y las posesiones económicas.

El que hurtaba, no hurte más, sino trabaje, haciendo con sus manos lo que es bueno, para que tenga qué compartir con el que padece necesidad. (Efesios 4:28)

A los ricos de este siglo manda... que hagan bien, que sean ricos en buenas obras, dadivosos, generosos; atesorando para sí buen fundamento para lo por venir. (1 Timoteo 6:17 a-19 a)

Compartiendo para las necesidades de los santos. (Romanos 12:13 a)

81

Porque nada hemos traído a este mundo, y sin duda nada podremos sacar. Así que, teniendo sustento y abrigo, estemos contentos con esto. (1 Timoteo 6:7-8)

Sean vuestras costumbres sin avaricia, contentos con lo que tenéis ahora. (Hebreos 13:5 a)

Y de hacer bien y de la ayuda mutua no os olvidéis; porque de tales sacrificios se agrada Dios. (Hebreos 13:16)

No os hagáis tesoros en la tierra, donde la polilla y el orín corrompen, y donde ladrones minan y hurtan; sino haceos tesoros en el cielo, donde ni la polilla ni el orín corrompen, y donde ladrones no minan ni hurtan. Porque donde esté vuestro tesoro, allí estará también vuestro corazón. (Mateo 6:19-21)

_____

_____

_____

_____

_____

_____

_____

_____

1 Timoteo 5:3-16

Para los diáconos 1 Timoteo 5:3-16 es un pasaje de gran importancia. Este pasaje contiene valiosísimos principios para guiar a la iglesia local, los individuos, las familias y las viudas. Por favor lea pausadamente este segmento bíblico y familiarícese con él.

Honra a las viudas que en verdad lo son. (Versículo 3)

Pero si alguna viuda tiene hijos, o nietos, aprendan éstos primero a ser piadosos para con su propia familia, y a recompensar a sus padres; porque esto es lo bueno y agradable delante de Dios. (Versículo 4)

Mas la que en verdad es viuda y ha quedado sola, espera en Dios, y es diligente en súplicas y oraciones noche y día. (Versículo 5)

Pero la que se entrega a los placeres, viviendo está muerta. (Versículo 6)

Manda también estas cosas, para que sean irreprensibles. (Versículo 7)

Porque si alguno no provee para los suyos, y mayormente para los de su casa, ha negado la fe, y es peor que un incrédulo. (Versículo 8)

Sea puesta en la lista sólo la viuda no menor de sesenta años, que haya sido esposa de un solo marido, que tenga testimonio de buenas obras; si ha criado hijos; si ha practicado la hospitalidad; si ha lavado los pies de los santos; si ha socorrido a los afligidos; si ha practicado toda buena obra. (Versículos 9-10)

Pero viudas más jóvenes no admitas; porque cuando, impulsadas por sus deseos, se rebelan contra Cristo, quieren casarse, incurriendo así en condenación, por haber quebrantado su primera fe. Y también aprenden a ser ociosas, andando de casa en casa; y no solamente ociosas, sino también chismosas y entremetidas, hablando lo que no debieran. Quiero, pues, que las viudas jóvenes se casen, críen hijos, gobiernen su casa; que no den al adversario ninguna ocasión de maledicencia. Porque ya algunas se han apartado en pos de Satanás. (Versículos 11-15)

Si algún creyente o alguna creyente tiene viudas, que las mantenga, y no sea gravada la iglesia, a fin de que haya lo suficiente para las que en verdad son viudas. (Versículo 16)

Nota Especial:

La iglesia en Efeso tenía un listado de las viudas de la congregación. La lista contenía el nombre de todas las viudas que la iglesia tenía que proteger y sustentar económicamente. El problema era que la lista incluía muchas viudas cuyas características las descalificaban. Esto ocasionaba que las finanzas de la iglesia se complicaran (versículo 16b) y, de hecho, afectaba a algunas de las viudas (versículos 11-15). Pablo procura corregir este abuso. El argumento principal de la enseñanza de Pablo es muy claro: no todas las viudas califican para estar en el listado de viudas de la iglesia. La iglesia es responsable en primera instancia por las viudas ancianas, piadosas y desprotegidas (versículos 5, 9, 10).

Pablo es enfático al argumentar que las familias cristianas -no la iglesia local- son responsables de cuidar a los miembros de su familia que sean viudas (versículos 4 y 8). El erudito de Oxford J.N.D. Kelly escribe lo siguiente sobre 1 Timoteo 5:3-16. "Tanto la repetición como el áspero tono del apóstol parecen indicar su enfado contra el egoísmo de algunas de las familias en la iglesia de Efeso" (*The Pastoral Epistles,* [London: Adam and Charles Black, 1972] pág. 115).

Aún más, las viudas jóvenes (versículos 11-15) no se debían anotar en la lista de viudas porque tal situación podría exponerlas a tentaciones difíciles. Su inclusión en la lista de viudas podría conllevar un terrible perjuicio a su compromiso con Cristo; una tragedia que ya había acontecido a algunas de las viudas más jóvenes (versículo 15).

Sin embargo, no deberíamos concluir que por el hecho de que una viuda, sea joven o anciana, no reúna todas las características de los versículos 9 y 10, la iglesia local se puede despreocupar en la ayuda a dicha persona. El argumento de los versículos 9 y 10 es que sólo ciertas viudas deben ser incluidas en el listado de la iglesia, una posición que garantiza protección y apoyo económico total.

Finalmente, es necesario decir que algunos comentaristas bíblicos creen que este pasaje habla de algunas viudas que hicieron votos perpetuos de servicio a la iglesia y de permanecer solteras por el resto de sus días, razón por la cual ellas reciben ayuda material y una posición oficial. Me parece que esta interpretación es poco probable.

5.   ¿A qué se refiere Pablo con la expresión "las que en verdad son viudas"?

_____

_____

_____

6.   ¿Por qué el Señor tiene un cuidado especial de las viudas?

_____

_____

_____

85

7. Existe una responsabilidad financiera familiar que se menciona en el versículo 4. Por favor descríbala en detalle.

_____

_____

_____

_____

8. Considerando todos los problemas en la iglesia de Efeso (páginas 125 - 126 en *DNT*), ¿a qué se refiere Pablo en el versículo 4 con la aseveración: "Aprendan éstos primero a ser piadosos para con su propia familia"?

_____

_____

_____

_____

9. Como diácono, usted debe entender y manejar los principios bíblicos expuestos en el versículo 4 y 5. ¿Puede explicar la forma en que estos versículos deberían guiar a los diáconos en situaciones en las cuales las personas soliciten dinero o alimentos? ¿Se le ocurren algunos ejemplos?

_____

_____

_____

_____

10. ¿Qué criterios ofrece la Escritura a la iglesia local, para que sepa a cuáles viudas *no está obligada* a sustentar totalmente? Vea 1 Timoteo 5:4,6,8,11-12, 16.

_____

_____

_____

_____

11. ¿Qué grado de sustento económico enseña 1 Timoteo 5:16b que debe proveer la iglesia, para las viudas "que en verdad lo sean"?

_____

_____

_____

_____

12. Después de leer *El Diácono del Nuevo Testamento*, ¿de qué forma han cambiado sus ideas sobre el ministerio del diaconado? Explique su respuesta.

_____

_____

_____

_____

Versículo para Memorizar:
1 Timoteo 5:8.

Hoja de Planeación de Temas
para Discutir en el Futuro

_____

_____

_____

_____

_____

_____

_____

_____

_____

_____

_____

_____

_____

_____

_____

_____

_____

_____

_____

_____

_____

_____

Hoja de Planeación de Temas para Discutir en el Futuro

_____

_____

_____

_____

_____

_____

_____

_____

_____

_____

_____

_____

_____

_____

_____

_____

_____

_____

_____

_____

_____

_____

Hoja de Planeación de Temas para Discutir en el Futuro

_____

_____

_____

_____

_____

_____

_____

_____

_____

_____

_____

_____

_____

_____

_____

_____

_____

_____

_____

_____

Hoja de Planeación de Temas para Discutir en el Futuro

_____

_____

_____

_____

_____

_____

_____

_____

_____

_____

_____

_____

_____

_____

_____

_____

_____

_____

_____

_____

_____

_____

Hoja de Planeación de Temas
para Discutir en el Futuro

_____

_____

_____

_____

_____

_____

_____

_____

_____

_____

_____

_____

_____

_____

_____

_____

_____

_____

_____

_____

_____

_____

_____

Hoja de Planeación de Temas
para Discutir en el Futuro

Hoja de Planeación de Temas
para Discutir en el Futuro

_____

_____

_____

_____

_____

_____

_____

_____

_____

_____

_____

_____

_____

_____

_____

_____

_____

_____

_____

_____

Hoja de Planeación de Temas para Discutir en el Futuro

_____

_____

_____

_____

_____

_____

_____

_____

_____

_____

_____

_____

_____

_____

_____

_____

_____

_____

_____

_____

_____

_____

_____

www.ingramcontent.com/pod-product-compliance
Lightning Source LLC
Chambersburg PA
CBHW070644030426
42337CB00020B/4162